DATE DUE	BORROWER'S NAME	ROOM NO.

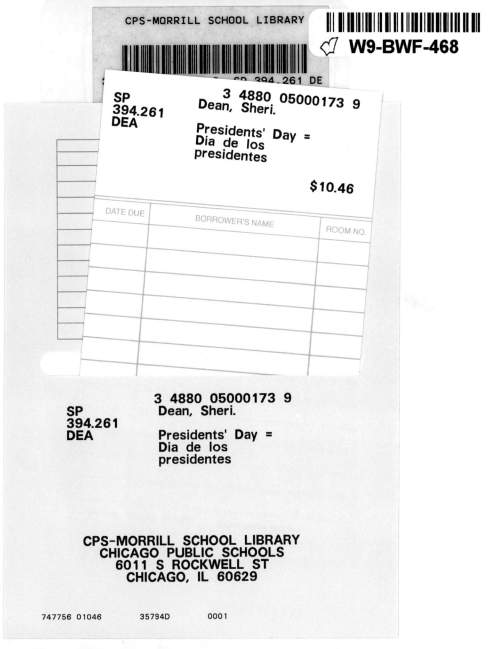

WEEKLY **WR** READER®
EARLY LEARNING LIBRARY

Our Country's Holidays/
Las fiestas de nuestra nación

Presidents' Day/ Día de los Presidentes

by/por Sheri Dean

Reading consultant/Consultora de lectura:
Susan Nations, M.Ed.,
author/literacy coach/consultant in literacy development
autora/tutora de alfabetización/
consultora de desarrollo de la lectura

Please visit our web site at: www.earlyliteracy.com
For a free color catalog describing Weekly Reader® Early Learning Library's list
of high-quality books, call 1-877-445-5824 (USA) or 1-800-387-3178 (Canada).
Weekly Reader® Early Learning Library's fax: (414) 336-0164.

Library of Congress Cataloging-in-Publication Data available upon request from publisher.
Fax (414) 336-0157 for the attention of the Publishing Records Department.

ISBN 0-8368-6522-7 (lib. bdg.)
ISBN 0-8368-6529-4 (softcover)

This edition first published in 2006 by
Weekly Reader® Early Learning Library
A Member of the WRC Media Family of Companies
330 West Olive Street, Suite 100
Milwaukee, WI 53212 USA

Copyright © 2006 by Weekly Reader® Early Learning Library

Managing editor: Valerie J. Weber
Art direction: Tammy West
Cover design and page layout: Kami Strunsee
Picture research: Cisley Celmer
Translators: Tatiana Acosta and Guillermo Gutiérrez

Picture credits: Cover, © Dennis O'Clair/Stone/Getty Images; pp. 5, 7, 17 © AP/Wide World Photos;
p. 9, Jane Stuart, Portrait of George Washington, Private Collection/Christie's Images/The Bridgeman
Art Library; p. 11, Matthew Brady, engraved from a photograph by William G., Abraham Lincoln,
Private Collection/The Bridgeman Art Library; p. 13 © Bob Daemmerich/PhotoEdit; p. 15 © Dennis
MacDonald/PhotoEdit; p. 19 © Consolidated News Pictures/Hulton Archive/Getty Images;
p. 21 © Michael Newman/PhotoEdit

Printed in the United States of America

1 2 3 4 5 6 7 8 9 10 09 08 07 06

Note to Educators and Parents

Reading is such an exciting adventure for young children! They are beginning to integrate their oral language skills with written language. To encourage children along the path to early literacy, books must be colorful, engaging, and interesting; they should invite the young reader to explore both the print and the pictures.

In *Our Country's Holidays*, children learn how the holidays they celebrate in their families and communities are observed across our nation. Using lively photographs and simple prose, each title explores a different national holiday and explains why it is significant.

Each book is specially designed to support the young reader in the reading process. The familiar topics are appealing to young children and invite them to read — and reread — again and again. The full-color photographs and enhanced text further support the student during the reading process.

In addition to serving as wonderful picture books in schools, libraries, homes, and other places where children learn to love reading, these books are specifically intended to be read within an instructional guided reading group. This small group setting allows beginning readers to work with a fluent adult model as they make meaning from the text. After children develop fluency with the text and content, the book can be read independently. Children and adults alike will find these books supportive, engaging, and fun!

— Susan Nations, M.Ed., author, literacy coach,
and consultant in literacy development

Nota para los maestros y los padres

¡Leer es una aventura tan emocionante para los niños pequeños! A esta edad están comenzando a integrar su manejo del lenguaje oral con el lenguaje escrito. Para animar a los niños en el camino de la lectura incipiente, los libros deben ser coloridos, estimulantes e interesantes; deben invitar a los jóvenes lectores a explorar la letra impresa y las ilustraciones.

Con la serie *Las fiestas de nuestra nación* los jóvenes lectores aprenderán que las fiestas que sus familias y sus comunidades celebran son días especiales en todo el país. Mediante vistosas fotografías y textos sencillos, cada libro explora una fiesta nacional diferente y explica por qué es importante.

Cada libro está especialmente diseñado para ayudar a los jóvenes lectores en el proceso de lectura. Los temas familiares llaman la atención de los niños y los invitan a leer — y releer — una y otra vez. Las fotografías a todo color y el tamaño de la letra ayudan aún más al estudiante en el proceso de lectura.

Además de servir como maravillosos libros ilustrados en escuelas, bibliotecas, hogares y otros lugares donde los niños aprenden a amar la lectura, estos libros han sido especialmente concebidos para ser leídos en un grupo de lectura guiada. Este contexto permite que los lectores incipientes trabajen con un adulto que domina la lectura mientras van determinando el significado del texto. Una vez que los niños dominan el texto y el contenido, el libro puede ser leído de manera independiente. ¡Estos libros les resultarán útiles, estimulantes y divertidos a niños y a adultos por igual!

— Susan Nations, M.Ed., autora/tutora de alfabetización/
consultora de desarrollo de la lectura

Presidents' Day is a day to learn and think about our leaders!

¡El Día de los Presidentes es un día para pensar en nuestros líderes y conocer cosas sobre ellos!

5

A different leader guides every country. The leader of the United States is the president. Every president tries to make our country better.

Cada país es gobernado por un líder diferente. El líder de Estados Unidos es el presidente. Cada presidente trata de mejorar nuestro país.

President George W. Bush/

Presidente George W. Bush

Presidents' Day is the third Monday in February. Two well-known presidents were born in February. George Washington was our first president. He helped free our country.

- - - - - - - - - - - - - - - - -

El Día de los Presidentes se celebra el tercer lunes de febrero. Dos presidentes muy conocidos nacieron en febrero. George Washington fue nuestro primer presidente. Ayudó a que nuestro país fuera libre.

8

President George Washington/

Presidente George Washington

Abraham Lincoln was president during the Civil War. During the Civil War, the states were fighting each other. Lincoln helped the country stay together.

■ ■ ■ ■ ■ ■ ■ ■ ■ ■ ■ ■ ■ ■ ■

Abraham Lincoln fue presidente durante la Guerra Civil. En la Guerra Civil, los estados lucharon entre sí. Lincoln ayudó a que nuestro país se mantuviera unido.

President Abraham Lincoln/

Presidente Abraham Lincoln

We used to celebrate only Washington's and Lincoln's birthdays. Today, we honor all presidents on Presidents' Day. We talk about what presidents have done. Bands play music.

Antes celebrábamos sólo los cumpleaños de Washington y Lincoln. Hoy, el Día de los Presidentes honramos a todos nuestros presidentes. Hablamos de lo que los presidentes han hecho. Las bandas tocan música.

We visit memorials of presidents. Memorials are buildings made to remember someone or something. Many people visit President Lincoln's memorial in Washington, D.C.

- - - - - - - - - - - - - - - - -

Visitamos los monumentos conmemorativos de los presidentes. Estos monumentos son obras que se hacen para recordar a una persona o un acontecimiento. Mucha gente visita el monumento al presidente Lincoln en Washington, D.C.

14

We read about presidents in school.
We write stories about them.

Leemos cosas sobre los presidentes
en la escuela. Escribimos historias
sobre sus vidas.

16

President Bill Clinton/

Presidente Bill Clinton

We have had more than forty presidents. So far, all of them have been men. A woman can be president too.

━ ━ ━ ━ ━ ━ ━ ━ ━ ━ ━ ━ ━

Hemos tenido más de cuarenta presidentes. Hasta el momento, todos han sido hombres. Una mujer también puede llegar a ser presidente.

18

President Jimmy Carter, President George H. W. Bush, President Bill Clinton, President Gerald Ford/
Presidente Jimmy Carter, Presidente George H. W. Bush, Presidente Bill Clinton, Presidente Gerald Ford

On Presidents' Day, we think about being the leader of our country. What would you do if you were president?

— — — — — — — — — — — — — — —

El Día de los Presidentes pensamos en lo que significa ser el líder de nuestro país. ¿Qué harías si fueras presidente?

21

Glossary

country — the land that forms a nation

Civil War — the war between the Northern and Southern states from 1861 to 1865

honor — to show respect for

president — the person who is head of the United States. Other countries also have presidents.

Glosario

Guerra Civil — guerra que enfrentó, entre 1861 y 1865, a los estados del Norte y los del Sur

honrar — mostrar respeto

país — territorio que forma una nación

presidente — líder del gobierno en Estados Unidos de América. Otros países también tienen presidentes.

22

For More Information/
Más información

Books

Let's Celebrate Presidents' Day. Connie Roop and
      Peter Roop (Millbrook Press)

Presidents' Day. Robin Nelson (Lerner)

Libros

*Celebrations/Celebraciones: Holidays of the United States
      of America and Mexico.* Nancy María Grande
      Tabor (Charlesbridge Publishing)

Día de los Presidentes. Historias de Fiestas (series).
      Mir Tamim Ansary (Sagebrush)

Web Sites/Páginas web

Holiday Fun: President's Day

Diviértete con las fiestas nacionales: El Día de los Presidentes

www.primarygames.com/holidays/presidents/presidents.htm

Play games and solve puzzles while learning about
Presidents' Day.

Participa en juegos y resuelve rompecabezas mientras
aprendes cosas sobre el Día de los Presidentes.

Index

Índice

About the Author

Sheri Dean is a school librarian in Milwaukee, Wisconsin. She was an elementary school teacher for fourteen years. She enjoys introducing books and information to curious children and adults.

Información sobre la autora

Sheri Dean trabaja como bibliotecaria en Milwaukee, Wisconsin. Durante catorce años, fue maestra de primaria. A Sheri le gusta proporcionar información y libros novedosos a niños y adultos con ganas de aprender.